CHEZ

LE

ROI DE FRANCE

A GORITZ

FÉVRIER 1883

CHEZ LE ROI DE FRANCE

A GORITZ

HENRI, COMTE DE CHAMBORD

CHEZ LE ROI DE FRANCE

A GORITZ

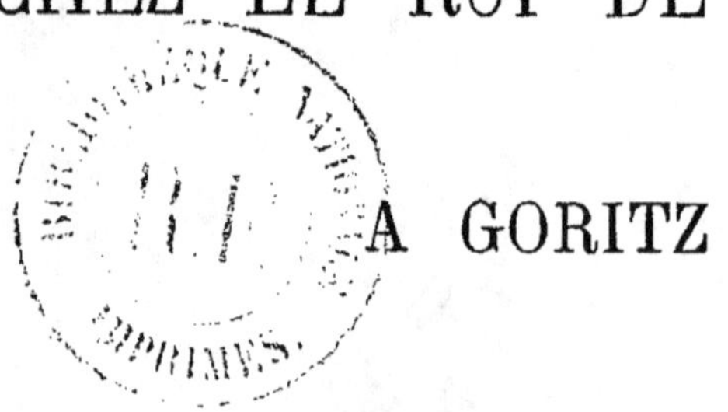

FÉVRIER 1883

BESANÇON

IMPRIMERIE ET LITHOGRAPHIE DE PAUL JACQUIN

Grande-Rue, 14, à la Vieille-Intendance

1883

M. J. Bonnet, rédacteur en chef de l'*Union franc-comtoise,*
a publié, à son retour de Goritz, dans le numéro du 12 février
1883 de ce journal, le récit suivant de sa visite à Monsieur le
comte de Chambord.

Les circonstances de plus en plus graves que nous traversons,
les excès toujours croissants de la république, forcent invinciblement tous les esprits sérieux à chercher dans l'avenir un remède
et une solution. Aussi les honnêtes gens, à quelque parti qu'ils
appartiennent, portent-ils, malgré eux, leurs regards vers la
Monarchie libératrice, qui sera appelée bientôt, espérons-nous,
à remplacer le triste régime que nous subissons présentement.
C'est pourquoi, plus que jamais, il est opportun de faire connaître au peuple ce Prince, espoir de la patrie, qui aime tant la
France et qui n'a d'autre ambition que de faire son bonheur.

Le récit qu'on va lire n'a pas d'autre but. En le publiant sous
forme d'opuscule de propagande, nous croyons servir la cause
française, et, en même temps, nous conformer à la pensée de

Monsieur le comte de Chambord, qui écrivait, le 11 octobre 1844, au vicomte de Bouchage :

« Je regarde comme un devoir d'étudier tout ce qui se rattache
» à l'organisation du travail, à l'amélioration du sort des classes
» laborieuses.

» Je n'oublierai jamais que le grand roi Henri IV, mon aïeul,
» a laissé à tous ses descendants l'exemple et le devoir d'aimer le
» peuple.

» C'est là un héritage qui ne peut m'être enlevé, et mes amis ne
» sauraient me rendre un meilleur service que de faire connaître
» ces sentiments qui sont dans mon cœur.

» HENRI. »

CHEZ LE ROI DE FRANCE

A GORITZ

J'arrive de Goritz.

Enfin j'ai pu le réaliser, ce rêve de ma foi politique ! J'ai contemplé de près cette auguste figure de l'Exilé vers laquelle se tournent aujourd'hui tous les regards, toutes les espérances de la France meurtrie et affolée, et, de vive voix, j'ai juré à celui qui sera le Roi de demain, ce serment d'une inébranlable fidélité et d'un dévouement sans bornes — serment que tant d'autres bons Français lui ont pareillement juré du plus profond de leur cœur.

Mes lecteurs me pardonneront si ma plume, qu'une douce émotion fait encore trembler, est impuissante à rendre les impressions que j'ai éprouvées, mais je leur dois ce récit, si imparfait qu'il soit, de ma visite au Roi. Il est de mon devoir de leur faire partager mon bonheur, car, en leur contant cet accueil si cordial, si affectueux, fait par le descendant de tant de rois à l'obscur plébéïen, à l'humble soldat inconnu, ils comprendront quel cœur paternel bat dans la poitrine de celui qui ne veut régner que pour faire le bonheur de la France, qui aime tous les Français sans exception aucune, et qui a résumé tout son programme de gouvernement dans ces mots : « Je veux être Henri IV second. »

*
* *

On a dit souvent : « Ah ! si les Français connaissaient Monsieur le comte de Chambord !... » Certes, oui, si les Français pouvaient se douter de sa loyauté, de sa bonté, de la parfaite connaissance qu'il a des hommes et des choses, de la « violente amour » qu'à l'exemple de son aïeul il porte à son pays, et de son ardent désir de lui être utile, comme ils l'aimeraient et comme ils courraient vite vers lui pour le ramener en triomphe dans cette France qui a été faite par les siens. Je voudrais que ses plus obstinés détracteurs pussent l'approcher, lui parler, le juger enfin, et je gage que pas un de ces républicains ne résisterait à ce charme sans égal qui se dégage de sa personne, je

suis sûr que tous deviendraient aussitôt ses admira-
teurs et ses partisans.

Il me souvient à ce propos qu'un Franc-Comtois
célèbre, le démocrate socialiste Proudhon, sortant de
chez Monsieur le comte de Chambord, avec lequel il
avait eu une longue entrevue, s'écriait sous l'empire
de la fascination exercée sur lui, comme sur tous ceux
qui l'ont approché, par la haute intelligence et la
royale cordialité de son hôte : « La France n'est pas
digne d'avoir un tel souverain ! » Moi, j'affirme, au
contraire, que la France est trop heureuse d'avoir,
par un miracle visible du ciel, pu conserver un tel
prince, qui la tirera bientôt de l'abîme où elle sombre
et lui rendra la gloire, le bonheur et la paix, dans la
fraternelle réconciliation des partis sous l'égide de
la Monarchie nationale.

*
* *

A peine arrivé à Goritz, après un long mais rapide
voyage à travers le mont Cenis, Turin, Milan, Venise,
je fais passer ma carte à la villa Boëkmann. Cette
villa, admirablement située au milieu d'un très grand
parc, sur une colline qui domine la charmante ville
de Goritz, surnommée la Nice autrichienne à cause
de la douceur de son climat, est la résidence ha-
bituelle de Monsieur le comte de Chambord pendant
l'hiver.

Le secrétaire de service auprès du prince, M. le marquis de Foresta , le plus courtois des gentils-hommes, m'accueille d'une très aimable façon et me fait savoir que Monseigneur, fort occupé en ce moment par le nombreux courrier qui lui arrive de France, me recevra à une heure de l'après-midi.

Ici il est bon de faire connaître que tout Français qui se présente chez M. le comte de Chambord est toujours admis par lui avec la même facilité, quelles que soient ses opinions politiques ou religieuses. Le plus farouche démocrate trouverait là un accueil hospitalier, car, sur la terre d'exil, sous le toit qui abrite le Roi, on est en France, et le Roi ne voit absolument dans tout visiteur qu'un Français, et pas autre chose. La maison du Roi est une maison toujours ouverte à tout Français.

C'est le vendredi 2 février dernier, à une heure de l'après-midi, que j'ai donc eu cette immense joie de voir pour la première fois le petit-fils de saint Louis et de Henri IV. Un valet, à la livrée de France, m'introduit au salon, une porte s'ouvre, et tandis que je m'incline respectueusement, mon cœur battant violemment dans ma poitrine, le Roi vient à moi, me tend la main, me fait asseoir, et tout aussitôt nous parlons de la France, l'objet constant de la préoccupation du Roi, des maux présents que souffre notre infortuné pays et des redoutables périls qui le menacent.

Ah ! comme à chaque parole du Roi on sent vibrer une âme française, et bien française, à laquelle rien de ce qui touche de près ou de loin à la patrie n'est indifférent ! Comme le Roi la connaît et l'aime bien, cette France qui lui a été si longtemps inhospitalière, mais qui bientôt l'appellera et l'acclamera ! Comme il est au courant de tous les intérêts divers de chacun et de chaque région ! Comme il est bien renseigné sur les faits et sur les hommes ! Bref, on dirait qu'il a toujours vécu sur cette terre, où il est né, et où nous le ramènerons bientôt triomphalement.

Et cette prodigieuse connaissance du pays et des hommes n'a rien de surprenant pour ceux qui n'ignorent point que Monsieur le comte de Chambord, se préparant à remplir dignement sa grande tâche de roi, a énormément travaillé toute sa vie, qu'il a tout lu et tout appris, qu'aucune question politique, religieuse, économique, sociale, ne lui est étrangère — Proudhon en avait été émerveillé — et qu'en outre il est doué d'une mémoire véritablement extraordinaire. A vingt ans d'intervalle, Monseigneur reconnaît et appelle par leurs noms les personnes qu'il n'a vues qu'une fois, et se remémore jusqu'aux plus petits détails.

Mais ceci noté en passant pour donner une idée de

la haute intelligence de Monsieur le comte de Chambord, je veux surtout insister sur le trait dominant de son caractère, c'est-à-dire sur son affabilité toute royale, qui, n'excluant point le respect, attire invinciblement les cœurs et établit aussitôt un courant de sympathie entre lui et quiconque lui parle de cette France à laquelle il songe uniquement. Ah ! comme il sera vraiment le roi de tous, le roi du peuple, ce prince resté invariablement fidèle à ces paroles sorties de son âme patriotique : « Tout pour la France, par la France, et avec la France ! »

Monsieur le comte de Chambord ne se dissimule certes point les terribles difficultés de l'œuvre réparatrice qu'il va être bientôt appelé à accomplir, avec le concours de tous les honnêtes gens, sans distinction de partis ; mais quand la lourde couronne royale aura été posée sur son front, on peut compter que sa volonté et son courage seront à la hauteur de cette tâche grandiose. Il sent, comme tout le monde aujourd'hui, que le moment est solennel, que nous courons à une épouvantable crise, et que l'instant décisif approche où la France, lassée, opprimée, écœurée, voudra être délivrée du joug de la Révolution, et demandera à une monarchie réparatrice de panser les blessures faites par la république à son honneur et à ses intérêts. Il l'a dit et écrit cent fois, mais je puis ici l'attester de nouveau en son nom : il est résolument prêt à faire son devoir de Roi, et sa résolution ne faiblira point devant l'étendue de l'entreprise et les périls de la situation. Sa vie a été et est tout entière à son pays, et quand l'heure de Dieu sonnera, on verra que les vertus de saint Louis et la vaillance de Henri IV revivent tout entières dans ce prince qui porte un si grand cœur dans un corps si robuste.

Et quand il rentrera à cheval dans Paris en fête, salué par les vivats de la foule, tandis que les fidèles s'inclineront devant l'héritier des Rois légitimes, le peuple admirera de son côté la fière allure de ce Bourbon dont la belle tête, loyale et franche comme son âme, allie si bien, sous l'éclair de ses superbes yeux bleus, la majesté du sang à la spirituelle bonhomie de son aïeul le Béarnais.

Oh ! oui, il sera vraiment populaire, ce Roi, je le garantis, et quand le peuple le connaîtra, quand il l'aura vu, quand il l'aura approché comme je l'ai approché moi-même, il l'aimera, il l'adorera... Les pamphlétaires républicains ont beau calomnier Monsieur le comte de Chambord et essayer de travestir cette grande figure sous leurs caricatures grossières, ils ne pourront l'empêcher d'être aimé quand il aura fait refleurir les libertés publiques et privées à l'abri de son trône, et qu'il aura pris sous sa protection tous les droits, particulièrement ceux des humbles, des petits, des ouvriers et des persécutés. Encore une fois, Henri V sera un roi populaire, j'en réponds.

*
* *

Après m'avoir accordé une longue entrevue, qui restera un des plus doux souvenirs de ma vie, Monseigneur voulut bien me faire l'honneur de m'admettre le soir à sa table, en un dîner tout intime, auquel assistaient Madame la comtesse de Chambord, l'aumônier de Monseigneur, un autre prêtre, Français aussi, Mme la marquise de Foresta, dame d'honneur, M. le marquis de Foresta, secrétaire du prince, et leur fils.

En passant, je puis bien dire que le gouvernement perd son temps en faisant courir à intervalles périodiques le bruit de la maladie de Monsieur le comte de Chambord. Monseigneur jouit de la plus parfaite santé, et le jour même où les dépêches de l'agence Havas lançaient par toute la France le bruit intéressé d'une prétendue indisposition, assis en face de lui, je le voyais manger et causer avec une pleine liberté d'esprit et de corps, que lui envieraient bien certainement les ministres de la république et le vieillard cacochyme qui se prélasse à l'Elysée.

J'ai parlé plus haut de l'intelligence supérieure de

Monsieur le comte de Chambord, qui éclate dans chacune de ses paroles et de ses jugements ; mais pour bien apprécier son esprit si français et sa cordialité sans égale, il faut avoir passé avec lui un de ces moments de causerie intime dans un salon. Sans qu'il perde rien de sa majesté native, il tient réellement ses interlocuteurs sous le charme de sa conversation toute pleine de souvenirs et de mots piquants. C'est ainsi que Monseigneur a bien voulu causer avec moi de mon pays natal, de ma chère ville de Toulouse, de plusieurs de mes amis, fidèles serviteurs du Roi, que Monseigneur connaît et aime, et j'étais véritablement stupéfait de le voir évoquer des souvenirs récents et lointains qui me montraient à la fois la bonté de son cœur et attestaient non moins qu'il sait ce qui se passe en France jusque dans les plus petits détails de la vie de chaque jour.

Et comme l'écho de sa pensée continuelle, toujours revenait sur ses lèvres, lancé par cette belle voix sonore où vibre toute son âme patriotique, quelque récit, quelque allusion où le nom adoré de « France » montrait que le premier et le plus grand de tous les Français ne passait pas une minute sans songer à son pays.

*
* *

Et la Reine !... Madame la comtesse de Chambord,

née Marie-Thérèse, archiduchesse d'Autriche-Este, qu'en dirai-je, sinon qu'elle est la grâce et la bonté mêmes, qu'elle est littéralement adorée de tous, des amis de Monseigneur, des populations au milieu desquelles elle sème les bienfaits avec une munificence toute royale, des serviteurs de sa maison, de tous ceux enfin qui l'ont vue, ne fût-ce qu'une seule fois.

Comme elle est véritablement digne d'être la compagne de Monseigneur, cette bonne et sainte princesse qui aime la France autant que lui, et qui a plusieurs fois adressé au Ciel cette sublime prière : « Mon Dieu, si je devais jamais être un obstacle au bonheur de la France, mon Dieu, faites-moi mourir. » Non, Madame, non ; la France est attirée vers les grands cœurs comme le vôtre ; la France vous acclamera et vous aimera à l'égal de son Roi ; car sur le trône où Henri V fera flotter le drapeau de l'honneur national et des libertés publiques, vous ferez refleurir, vous, les vertus de Blanche de Castille, de Marie-Antoinette et de Madame Elisabeth. Permettez de loin, à l'humble pèlerin de l'exil que vous avez reçu avec une bonté qui l'a ému jusqu'aux larmes, de saluer en vous Celle qui sera bientôt Reine par la couronne, comme vous êtes déjà Reine par la naissance, par le cœur et par votre inépuisable charité...

Et puisque je parle du grand cœur de Madame,

qu'il me soit permis de citer un trait, inconnu sans
doute, mais qui dévoile, dans toute son étendue, l'a-
mour que le Roi porte également à tous sans distinction de rang. C'est son aumônier qui me l'a révélé ; il
me pardonnera, je l'espère, mon indiscrétion. Un
serviteur de Monsieur le comte de Chambord étant
tombé dangereusement malade, Monseigneur, qui
s'intéressait vivement à son état et qui l'allait visiter
souvent, fit le vœu d'accomplir un pèlerinage s'il
échappait à la mort. Je ne sais si ce trait admirable
fera sourire les libres penseurs républicains, mais ce
que j'affirme, c'est qu'il proclame, plus encore que
tous les discours, la vive et sincère affection de Monseigneur pour les petits. Ah ! comme il sera véritablement le Père du peuple, Celui qui s'occupe de tous
avec une telle sollicitude !

*
* *

En ce moment où la république, désemparée et affolée, entre dans l'ère du jacobinisme, et fait appel à la
terreur dans l'espoir d'arrêter la monarchie libératrice qui approche, celui qui va à Goritz saluer l'in-
carnation vivante de la patrie monarchique ne saurait
oublier qu'un roi de France, le conquérant de l'Algérie, Charles X, dort son dernier sommeil dans ce
coin de terre étrangère.

Donc, avant d'aller visiter le Roi vivant, je suis allé

m'agenouiller sur la tombe du Roi mort... C'est dans
le couvent des capucins de Castagnavizza, sur une
colline dont la vue s'étend, splendide, sur toute la
vallée et sur la ville de Goritz jusqu'aux Alpes tyro-
liennes qui barrent magnifiquement l'horizon, vis-à-
vis même de la villa de Monsieur le comte de Chambord, que repose le monarque exilé, chassé par
l'émeute triomphante à l'instant même où il venait
de planter le drapeau blanc fleurdelisé sur les murs
d'Alger emporté d'assaut... Dans l'humble église du
couvent, sous les dalles de la chapelle de Notre-Dame
du Carmel, il est là, ce roi qui donna à la France sa
plus belle colonie, et une pauvre petite épitaphe, à
demi effacée par les pas des fidèles, marque seule sa
demeure dernière sur la terre d'exil, la terre autrichienne... tandis qu'ici, en France, la république fait
des funérailles insensées et bâtit des monuments
fastueux aux aventuriers qui élevèrent leur propre
fortune aux dépens du pays! Quel triste et amer rap-
prochement pour le Français qui aime sa patrie! Quel
sujet de profond étonnement pour celui qui lira un
jour l'histoire de notre temps et ne pourra compren-
dre les étranges et antipatriotiques folies de la Révolution!

Mais à côté du glorieux roi Charles X sont couchés
aussi d'autres membres de la famille de Bourbon, qui
furent de nobles princes et de saintes princesses, et
que la mort a réunis côte à côte. Voici leurs épita-

phes que j'ai relevées avec une pieuse émotion sur
les dalles du couvent où elles sont tracées :

P
X

<table>
<tr><td align="center">A</td><td align="center">Ω</td></tr>
<tr><td align="center">ICI EST DÉPOSÉE
TRÈS HAUTE, TRÈS PUISSANTE ET TRÈS
EXCELLENTE PRINCESSE
S. A. R. MADAME
LOUISE-MARIE-THÉRÈSE DE FRANCE,
DUCHESSE RÉGNANTE
DE PARME ET DE PLAISANCE,
NÉE A PARIS LE 21 SEPTEMBRE 1819,
MORTE A VENISE LE 1 FÉVRIER 1864.</td><td align="center">ICI EST DÉPOSÉ
TRÈS HAUT, TRÈS PUISSANT
ET TRÈS EXCELLENT PRINCE
CHARLES Xe DU NOM,
PAR LA GRACE DE DIEU
ROI DE FRANCE ET DE NAVARRE,
MORT A GORITZ
LE 6 NOVEMBRE 1836,
AGÉ DE 79 ANS ET 28 JOURS.</td></tr>
</table>

Au-dessous de ces deux épitaphes qui se trouvent
sur le sol, à droite, devant l'autel, sont gravées les
armes de France surmontées de la couronne royale,
de même qu'au-dessous des deux épitaphes suivantes
inscrites à la gauche du même autel et sur le sol de
la chapelle également.

P
X

<table>
<tr><td align="center">A</td><td align="center">Ω</td></tr>
<tr><td align="center">ICI EST DÉPOSÉ
TRÈS HAUT ET TRÈS EXCELLENT PRINCE
LOUIS,
FILS AINÉ DU ROI DE FRANCE CHARLES X,
NÉ A VERSAILLES LE 6 AOUT 1775,
MORT A GORITZ LE 3 JUIN 1844.
TRIBULATIONEM INVENI
ET NOMEN DOMINI INVOCAVI.</td><td align="center">MARIE-THÉRÈSE DE FRANCE,
COMTESSE DE MARNES,
FILLE DU ROI LOUIS XVI
ET DE MARIE-ANTOINETTE,
NÉE LE 19 DÉCEMBRE 1778,
MORTE LE 19 OCTOBRE 1851.
DOMINE PROBASTI ME...
JUSTITIA TUA IN ÆTERNUM.</td></tr>
</table>

Les Français qui passent à Goritz et les habitants si catholiques du pays vont seuls prier sur les tombes de ces princes français et de ce roi — mais j'espère bien qu'avant longtemps la France, redevenue véritablement la France, ira chercher là-bas les restes de ces Bourbons qui l'aimèrent tant, comme tous ceux de leur race, et qui exhalèrent leur dernier soupir ayant sur les lèvres le nom de cette patrie adorée.

Oui, ce serait une honte éternelle pour notre pays si nous ne déposions point, en un jour d'éclatante réparation, le cercueil du roi qui nous donna l'Algérie, dans la sépulture de Saint-Denis, où sont les tombeaux de ces autres rois, ses ancêtres, qui constituèrent province par province l'unité de la patrie.

*
* *

Je viens d'évoquer la mémoire des princes morts — mais j'ai montré aussi le prince, qui est leur digne héritier, vivant et tout prêt à renouer la glorieuse chaîne des traditions monarchiques brisée par la révolution...

Il m'en coûte de faire taire ici mes souvenirs ; je voudrais encore et toujours parler de Monsieur le comte de Chambord, que je viens de voir, et dont j'ai serré la main loyale avec une émotion que je ressens encore. Je voudrais surtout communiquer à tous ceux qui liront ces lignes l'immense espérance que j'ai rapportée de la terre d'exil.

Oui, mes amis, courage et confiance ! le Roi reviendra bientôt, et chaque minute la république hâte son retour par ses actes odieux. Le Roi reviendra, et la France reverra de beaux jours sous son règne réparateur, soyez-en assurés.

N'oubliez pas enfin que ce Roi nous a été gardé par le Ciel d'une façon miraculeuse. Le mardi 13 février, revenait l'anniversaire lugubre de cette journée où la Monarchie semblait devoir périr sous le poignard du régicide Louvel — mais la mort fut vaincue par l'enfant de l'espérance et du miracle. Aujourd'hui, cet enfant est un homme : c'est le Roi que j'ai vu, dans toute la plénitude de son intelligence et de sa force, dans toute l'expansion de son affabilité cordiale, dans toute la résolution de son âme virile. Comptez sur lui comme il compte sur tous les honnêtes gens, sur tous les bons patriotes, — sur tous les vrais Français en un mot.

A l'heure décisive il apparaîtra et fera son devoir, tout son devoir de Roi : il l'a dit cent fois, il me l'a répété hier encore — et l'on peut avoir foi dans la parole de Bourbon. A nous tous, qui aimons la France par-dessus tout et qui lui donnerions tout notre sang s'il le fallait jamais, à nous tous d'être également prêts à faire notre devoir et tout notre devoir.

La république se meurt — demain la république

sera morte ; mais le Roi vit, et nous sommes là tous, ses fidèles, résolus et prêts à aller au-devant de lui... Encore une fois, mes amis, courage et confiance ! Demain ce n'est plus à Goritz, ce n'est plus sur la terre étrangère, mais à Paris, au milieu de l'enthousiasme populaire, des carillons joyeux et des salves d'allégresse, que nous ferons cortège à Sa Majesté Henri V, roi de France, et que nous pousserons le cri traditionnel, signal du relèvement et de la délivrance de la France, le cri séculaire de : VIVE LE ROI !

J. BONNET.

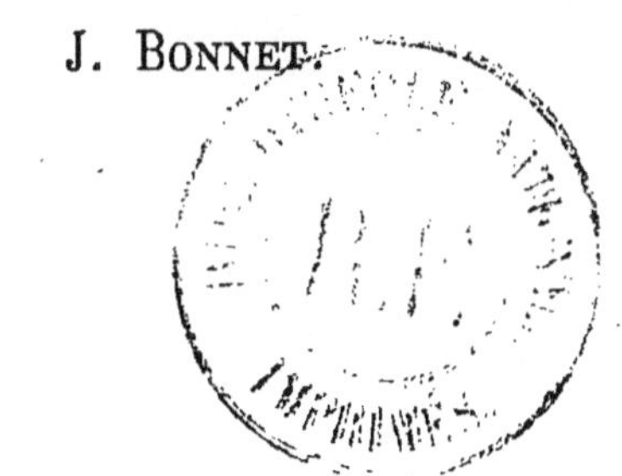

BESANÇON, IMPR. PAUL JACQUIN.

www.ingramcontent.com/pod-product-compliance
Lightning Source LLC
Chambersburg PA
CBHW061804060726
47597CB00007B/3101